LE STYLE LOUIS XV

L'Embarquement pour Cythère, *par Watteau, détail.*
Paris, musée du Louvre. Photo Flammarion.

LE STYLE LOUIS XV

par
Jean-François Barrielle

Flammarion

INTRODUCTION

Entre 1715 et 1774, la France devait connaître dans toutes les disciplines une extraordinaire période de foisonnement des formes et des arts.

Moment de perfection, a-t-on pu dire, mais qui, pour demeurer associé à l'image d'un seul monarque, ne repose pas moins sur une invention permanente et une évolution constante des goûts et des mentalités. Derrière l'apparente unité du règne, le style Louis XV se caractérise surtout par un jaillissement stylistique ininterrompu, bien difficile à placer sous des rubriques ou des étiquettes impératives.

Néanmoins, on discerne trois grandes phases chronologiques aux caractères stylistiques relativement homogènes.

Une phase dite « de préparation » avec le *style Régence* (années 1715-1730) qui, englobant la minorité du roi et les premières années du règne, a pour limites conventionnelles la mort de Louis XIV (1715) et l'avènement du style rocaille (v. 1730). On verra cependant que, loin de se résumer à une simple transition, le style Régence, né d'ailleurs en grande partie dans les dernières années du règne de Louis XIV, possède toutes les composantes d'un art original et intrinsèque.

Une phase « d'épanouissement » ensuite, qu'on assimile au *style Louis XV* proprement dit (années 1730-1750), et qui correspond au développement et à l'apogée de la rocaille, art de surface voué aux sinuosités et aux ondulations de la ligne.

Une phase « de réaction », enfin, baptisée *style Transition* (années 1750-1774), réaction progressive en fait, qui passe d'abord par un assagissement, une épuration des formes rocailles, avant de s'orienter vers l'imitation de l'antique et un jeu plastique des volumes qui déboucheront sur le style Louis XVI et le néo-classicisme.

Au-delà de ces distinctions, plus d'un trait caractéristique oppose l'époque Louis XV à la précédente. Loin de naître d'un « art officiel », son style est essentiellement le fait d'artistes travaillant pour une clientèle privée, d'artisans, d'ébénistes, de décorateurs, invités à répondre aux besoins nouveaux que suscite au xviiie siècle le goût croissant du confort et des pièces d'agrément. Aussi, plus qu'un autre peut-être, le style Louis XV s'incarne dans l'art décoratif et la parure des intérieurs. De la Régence à la mort de Louis XV, ce sont des ornemanistes, tels Audran, Meissonnier, Pineau, Neufforge, Delafosse, qui vont déterminer les inflexions et le renouvellement des formes.

Peu d'architectes, peu de peintres qui ne soient capables alors de fournir des modèles de lambris, de céramique, de bronzes ou d'appliques. Peu de disciplines, de même, qui n'accusent, fût-il éphémère, le passage d'un répertoire décoratif à un autre. Autant que le mobilier, la tapisserie, l'orfèvrerie, les objets d'ameublement enregistrent une évolution constante. Unité dans la diversité, la variation ininterrompue des formes et des motifs : ainsi s'impose l'image de ce style travaillé par une richesse d'invention exceptionnelle.

Moment de perfection, certes, mais surtout moment de forte identité. D'une manière générale — et même au plus fort du goût rocaille —, le style Louis XV ne saurait se confondre exactement avec l'art rococo adopté par l'Europe centrale, art qu'il contribua pourtant à forger par son influence. Jusqu'à l'avènement du néo-classicisme, il gardera toujours une spécificité et des composantes originales, que ce soit à l'égard du passé ou des courants artistiques internationaux.

Peut-être parce que art d'interprétation plus qu'art de rupture, art de dessin plus qu'art de volume, enclin à céder davantage à la suggestion et au caprice des formes qu'à l'unité et à la théorie, il constitue pour la France un moment exceptionnel de plein épanouissement et de pleine liberté d'expression.

Écuries du château de Chantilly, par Aubert.
Photo ND-Giraudon.

LE STYLE RÉGENCE
(1715-1730)

Caractères généraux

A la mort de Louis XIV, le régent Philippe III d'Orléans ramène la cour dans la capitale : à l'art versaillais succède dès lors un art parisien. A partir de ce moment, l'initiative revient en effet aux particuliers. Les classes possédantes multiplient les lotissements dans le faubourg Saint-Germain et le faubourg Saint-Honoré, quartiers dont les hôtels fraîchement bâtis vont abriter l'éclosion du nouveau style. En même temps, les ornemanistes, dont le subtil Watteau, parachèvent la révolution stylistique amorcée dans l'art ornemental par Le Pautre puis par Jean Ier Berain et Claude III Audran dès les années 1700 et dont le décor de Marly, celui de la Ménagerie de Versailles et du Trianon représentaient alors les premiers témoignages. Les composantes du nouveau style décoratif en font déjà un art léger, gouverné par l'arabesque et l'agencement des lignes. A l'avenir, ce caractère ne va cesser de s'accentuer. Enfin, l'art de la Régence coïncide avec une réduction sensible de l'échelle du logis : le goût du confort, le développement des usages imposent des pièces plus petites et plus intimes, au décor moins froid, moins solennel. Ainsi le marbre, le stuc cèdent un peu partout la place au lambris de bois sculpté.

L'architecture

Dès ses débuts, la Régence traduit en architecture le contraste singulier qui va opposer durant la majeure partie du règne la sobriété extérieure du bâtiment à la richesse exubérante du décor intérieur. L'art du Premier architecte Robert de Cotte (1656-1735), celui de Germain Boffrand (1667-1754) perpétuent les claires ordonnances fixées une fois pour toutes, semble-t-il, par l'agence de Jules Hardouin-Mansart. Les écuries du château de Chantilly (1719-1736) par Jean Aubert († 1741), l'hôtel de Roquelaure (Paris, ministère des Travaux publics, 1722) par Pierre Cailleteau dit Lassurance (v. 1655-1724), l'hôtel d'Évreux (palais de l'Élysée) par Armand-Claude Mollet (v. 1670-1742) illustrent cette tradition demeurée intacte depuis le début du siècle.

A quoi s'ajoute un intérêt nouveau pour l'agencement interne des pièces et les commodités de logement. La vogue naissante des petits appartements, la multiplication des pièces révolutionnent la distribution intérieure. A l'hôtel Matignon (1720-1723) élevé par Jean Courtonne (1671-1739), outre la profondeur du logis, la saillie ovale du vestibule sur cour

Paris, hôtel Peyrenc de Moras, aujourd'hui musée Rodin. Façade sur le jardin et plan. Photo Flammarion.

comme l'avant-corps à pans coupés du salon sur jardin résument assez bien ces recherches d'espace et de confort.

Mais l'initiateur principal du nouveau style demeure Gilles Marie Oppenord (1672-1742), architecte du Régent. Ses tendances baroques héritées de Borromini, son goût pour les surfaces pittoresques animées de jeux vermiculés et de stalactites pénètrent peu à peu le milieu parisien. Sous son influence, le répertoire ornemental de la Régence — chicorée, roses, palmettes, coquilles, ailes de chauve-souris et dragon — gagne progressivement les façades. Mais ce décor n'affectera jamais que la travée centrale et son balcon, les vantaux des portes, les consoles et les agrafes sculptées des fenêtres, sans bouleverser en aucune manière l'ordonnance de l'hôtel. Ainsi procède Pierre de Vigny à l'hôtel Chenizot (Paris, 1726) dont le balcon surchargé reste toutefois relativement exceptionnel dans la production parisienne des années 1720-1730. Plus tempéré, le vocabulaire adopté par Jacques V Gabriel (1667-1742) à l'hôtel Peyrenc de Moras (Paris, musée Rodin, 1728-1730) traduit davantage l'équilibre enjoué alors en honneur dans le traitement ornemental des surfaces.

Paris, hôtel Chenizot.
Photo Flammarion.

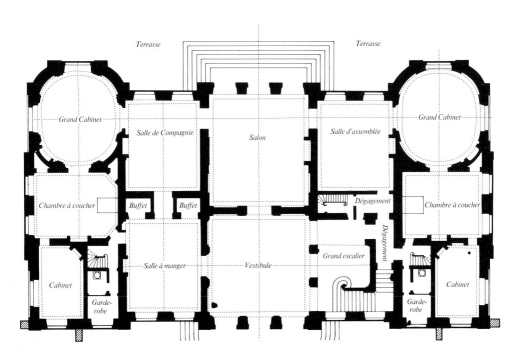

11

*Élévation d'un côté
de la galerie de l'hôtel
de Toulouse. Paris,
Bibliothèque nationale,
Estampes. Photo B.N.*

Le décor intérieur

Si original qu'il soit, l'art décoratif de la Régence n'en prend pas moins sa source dans les dernières années du règne de Louis XIV. Les premiers, Jean Berain († 1711) et surtout Claude III Audran, avaient commencé à dissoudre le support architectural de leur composition sous le flot des entrelacs et les enroulements de leurs arabesques. La Régence va poursuivre cette première rupture en éliminant progressivement le dynamisme plastique du baroque pour lui substituer un art de surface. Son expression majeure sera la courbe, propice aux combinaisons linéaires : contre-courbes, arabesques, enroulements, entrelacs. Ces ondulations, sans cesse plus libres, vont envahir le cadre architectonique, non sans contaminer trois éléments plastiques essentiels : le cartouche, le trophée et la coquille.

Cette évolution irrésistible, qui devait donner jour au style Louis XV, eut pour origine l'art du sculpteur François-Antoine Vassé et celui de l'architecte Gilles Marie Oppenord. Le premier a laissé son empreinte dans le décor exécuté lors de la remise en état de la Galerie de l'hôtel de Toulouse en 1717-1718, sous la direction de Robert de Cotte (Paris, Banque de France). On y trouve pour la première fois des cartouches aux bordures en forme de coquille ondulée. La base des pilastres reçoit des enroulements qui évasent leurs lignes. L'exubérance des formes s'accroît, leur esprit change mais les principes de composition demeurent encore en grande partie ceux du XVIIe siècle.

Médaillon d'encadrement d'un panneau de la galerie de l'hôtel de Toulouse. Dessin de Claudine Caruette.

A l'hôtel d'Assy (Paris, Direction des Archives nationales, 1719), Oppenord poursuit cette unification naissante des éléments de fonction et du décor. La corniche cintrée, le rythme général introduit par les arcades et le dessin des trumeaux terminés en écoinçons sinueux aussi bien que les cadres festonnés des dessus-de-porte et les panneaux arrondis des angles du salon tendent à former une combinaison ininterrompue.

Avec Robert de Cotte, Jean-Baptiste Leroux, Jean Aubert, les pendentifs, les cartouches, les médaillons imposent leurs courbes et leurs dorures à tous les panneaux. A Chantilly, dans la chambre de M. le Prince ou dans le salon de Musique (1722), et plus encore à l'hôtel de Lassay (Paris, ap. 1725), ces mêmes motifs débordent les corniches, et rinceaux de frise et entrelacs commencent à gagner les plafonds.

Le répertoire décoratif

Nombre d'ornements plastiques du siècle précédent demeurent, tels les bustes d'espagnolettes, les mascarons, mais leur taille et leur épaisseur s'amenuisent. Les cartouches voient leurs enroulements en C adossés se compliquer de courbes et de contre-courbes.

« Le Berceau », arabesque d'après Watteau. Paris, Bibliothèque nationale, Estampes. Photo B.N.

Paris, grand salon de l'hôtel de Lassay. Photo Arch. Phot.

Plus minces, plus mobiles, la palmette, la feuille d'acanthe, la feuille d'eau gravitent autour des motifs majeurs. Parmi ces derniers, la coquille, suivie de l'aile de chauve-souris, entame ses premières métamorphoses en absorbant bordures godronnées, palmettes et cannelures. Mais le mouvement qui s'empare de ces thèmes décoratifs n'ôte rien à l'équilibre de l'ensemble. Le décor animalier connaît enfin une grande vogue : chimères, oiseaux, dragons ailés se retrouvent sur les bordures des panneaux et des cadres, sur les corniches, les façades et les bronzes des meubles.

Élément moteur de cet art de surface, l'arabesque héritée de Berain connaît un renouveau important. Claude Gillot (1673-1732) et Antoine Watteau (1684-1721) substituent aux figures mythologiques d'Audran

Les ornemanistes

15

*« Le Turc amoureux »,
arabesque de Lancret.
Boiserie provenant
de l'hôtel de Boullongne.
Paris, musée
des Arts décoratifs.*

le monde de la commedia dell'arte et des fêtes galantes. Mais Watteau seul en éliminera les dernières réminiscences baroques, réduisant le cadre et la bordure à quelques suggestions pour ôter toute pesanteur à la poésie de la scène. Le même milieu introduit un climat semblable dans les chinoiseries et les turqueries dont la mode subsistera sous Louis XV (Lancret, panneaux provenant de l'hôtel de Boullongne, place Vendôme, Paris, musée des Arts décoratifs).

La peinture

A l'avènement de la Régence, la victoire des rubénistes sur les poussinistes, déjà largement amorcée sous le règne précédent, continue à affirmer la primauté de l'art septentrional dans la peinture. Plus que jamais le goût est à la palette brillante et aux recherches de l'aspect tactile de la matière.

Il n'est pas jusqu'à la peinture d'histoire qui ne gagne en souplesse et en légèreté sous l'influence combinée de Rubens et du Corrège. Ainsi en va-t-il pour Antoine Coypel († 1722), Premier peintre du Régent, et surtout pour François Lemoine (1688-1737), auteur de grands décors plafonnants telles la *Transfiguration du Christ* à Saint-Thomas-d'Aquin ou l'*Assomption de la Vierge* à Saint-Sulpice.

Avec Largillière († 1746), le portrait d'apparat mêle toujours au prestige de la mise en scène le rendu minutieux des matières et des étoffes. Rigaud († 1743) tire des accessoires un brillant, un climat de luxe qui mettent comme à l'accoutumé ses modèles en valeur. Mais, plus que ces maîtres connus, ce sont les peintres de natures mortes, les animaliers, comme Desportes († 1743), puis Oudry (1686-1755), qui dégagent le meilleur parti des traditions septentrionales. Grâce à eux, tentations naturalistes et goût du paysage vont donner jour peu à peu à une sensibilité nouvelle.

Parallèlement, le renouvellement des thèmes place au premier rang les amours des dieux et les scènes galantes plutôt que l'épopée mythologique. Là encore, l'influence flamande détermine ce dernier répertoire issu de la scène de genre, auquel Watteau et ses disciples vont donner une qualité poétique jusqu'alors insoupçonnée. Entre 1710 et 1715, « la fête galante », née certes du génie d'un seul homme mais aussi d'une somme d'expériences multiples, la leçon de l'ornemaniste Audran, la mode des arabesques, celle des figures de la commedia dell'arte de Gillot, et surtout l'étude du coloris de Rubens, du Titien et de Campagnola inspirent à Watteau ce type de composition aérienne qu'il rehausse de notations de la nature prises sur le vif. Ses épigones, Lancret, Jean-Baptiste Pater, Philippe Mercier, P.-A. Quillard, ne feront que vulgariser cette formule décorative mise au point en quelques années mais qui demeure pour nous inséparable de l'esprit de la Régence.

Le mobilier

Sans connaître de modification révolutionnaire par rapport à l'époque précédente, le mobilier se ressent du goût nouveau pour l'aisance et les commodités qui se généralise à partir de 1700-1715. Alors que le succès de la marqueterie d'écaille et d'étain de style Boulle subit une éclipse, se répandent les bois de placage exotiques, bois de violette, palissandre. Sur ces meubles, le célèbre Charles Cressent (1685-1768), « ébéniste du Régent », adapte en bronze ciselé et doré le vocabulaire ornemental de l'époque : coquilles, arabesques, ailes de chauve-souris, dragons, figures d'espagnolettes.

Tout en conservant leur majesté, les lignes s'assouplissent. Au piètement en gaine ou en balustre on préfère le pied bas et cambré puis le pied-de-biche, présenté souvent de manière oblique et terminé par un sabot ou une feuille d'acanthe. L'entre-jambes tend à disparaître. Le cannage le dispute pour les sièges à la garniture fixe recouverte de tapisserie. Les formes chantournées, prodigues en plans concaves et convexes, ont déjà donné naissance à la « commode à la Régence », dite aussi « commode en tombeau ».

« La femme au parasol »,
arabesque de Lancret.
Boiserie provenant
de l'hôtel de Boullongne.
Paris, musée
des Arts décoratifs.

Jugée trop lourde, Cressent lui substitue bientôt la
« commode en arbalète », montée sur des pieds plus
hauts et ornée à la ceinture d'un profil sinueux
découpé en arbalète (Londres, Wallace Collection).
Comme autre meuble caractéristique, on retiendra la
table bureau (dont le Louvre conserve un modèle par
Cressent) et le secrétaire à abattant, habituellement
en bois massif.

Commode, par Cressent.
Londres, Wallace
Collection.
Photo du musée.

La tapisserie

L'histoire de la tapisserie au XVIIIe siècle se confond
pour une large part avec celle des manufactures de
Beauvais et des Gobelins. En sommeil jusqu'en 1732,
Aubusson vivra surtout de copies et d'emprunts
quand ses ateliers ne se spécialiseront pas dans la
garniture de siège.

Nettement marquée au départ par le style décoratif
de la fin du règne de Louis XIV — celui de Berain et
de Claude III Audran —, la tapisserie connaît toutefois dès la Régence une évolution non négligeable. Le
renouveau du décor intérieur aidant, le développement des petits appartements aussi bien que l'usage
grandissant des boiseries et la vogue des « scènes
aimables » provoquent d'autres demandes. Ainsi
s'instaure un répertoire largement bucolique et cam-
pagnard. On recourt de même aux thèmes exotiques,

aux chasses, aux comédies, aux sujets d'opéras. Pour répondre au goût dominant des arabesques, l'encadrement des pièces prend de plus en plus d'ampleur. Cartouches, trophées, guirlandes de fleurs, figures et animaux rivalisent dans de larges bordures, lesquelles réduisent progressivement le sujet central aux dimensions d'un « tableau de chevalet ».

Pareille évolution devait donner naissance à la « tapisserie à alentours ». Parmi les premiers exemples, on retiendra le cas de la tenture de l'*Histoire de Don Quichotte*, exécutée d'après les cartons de Charles-Antoine Coypel (1716-1731), dont les alentours successifs, dus à Blain de Fontenay, Claude III Audran et Louis Tessier, illustrent les lois du genre.

« *Le Bal de Barcelone* », Histoire de Don Quichotte.
Tapisserie des Gobelins, d'après Charles-Antoine Coypel.
Paris, Mobilier national.

Page d'almanach pour l'année 1749.
Paris, Bibliothèque nationale, Estampes. Photo B.N.

LES ANNÉES CENTRALES ET LE STYLE ROCAILLE (1730-1750)

Caractères généraux

A partir des années 1730, le succès de la ligne serpentine, amorcé sous la Régence, se généralise. A l'instar du mobilier, le décor intérieur et l'ensemble des arts plastiques succombent aux chantournements. Jusqu'ici respectées, les divisions régulières des panneaux comme l'assise des objets se plient au nouveau règne ornemental dont l'unique règle semble consister à fuir les lois de la pesanteur, la tyrannie des axes, des supports et des structures. Cet art original, qui, gagnant l'étranger sur un mode plus exubérant encore, va constituer un style international qu'on a baptisé « art rococo », prend naissance en France, loin de la cour, dans l'architecture privée.

Le style rocaille

Mouvement spécifiquement décoratif, l'art rococo s'identifie en France avec le style rocaille. Employé le plus souvent comme terme générique, le mot « rocaille », dans son acception la plus étroite, désigne en fait les formes dérivées des éléments de coquilles, coquillages ou concrétions, en usage depuis longtemps dans les nymphées des parcs, les fontaines et les cascades. C'est le traitement novateur de la spirale de la coquille qui donnera naissance à cette appellation.

A l'origine du genre, on trouve Juste Aurèle Meissonnier (1695-1750), Nicolas Pineau (1684-1754),

Jacques de La Joüe (1686-1761), François de Cuvilliés (1695-1768), ornemanistes dont — Pineau mis à part — l'influence s'exercera surtout à travers les recueils gravés. Orfèvre pour l'essentiel, Meissonnier, le premier semble-t-il, avec Bernard Toro (1672-1731), opte pour la contorsion des formes, les enroulements disjoints ou interrompus. Son *Livre des légumes*, son projet de *Surtout pour le duc de Kingston* (exécuté en 1735), ses « fantaisies architecturales » introduisent une asymétrie véhémente aux effets plastiques encore nettement redevables au baroque italien. A sa suite, on multipliera cartouches ventrus, coquilles dentelées, épineuses, de forme auriculaire ou déchiquetée, architectures fantastiques, qui transposent règnes et

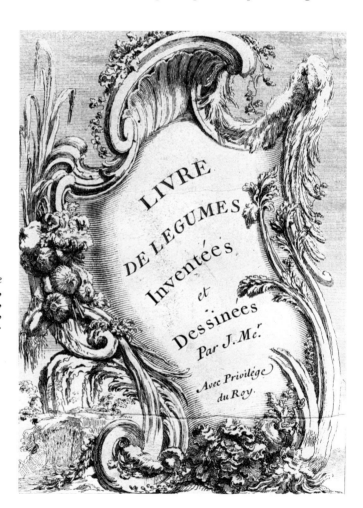

Page de garde du Livre des légumes, *de Meissonnier. Paris, Bibliothèque nationale, Estampes. Photo B.N.*

Surtout de table du duc de Kingston d'après Meissonnier.
Paris, Bibliothèque nationale, Estampes. Photo B.N.

matières. A l'enroulement en C adossés ou accolés s'ajoute désormais l'enroulement en S, ouvert à toutes les suggestions, à tous les caprices et les débordements de la ligne. Dès lors, le mot rocaille va devenir synonyme de déséquilibre et de dissymétrie.

Mais l'essentiel de ce répertoire violemment asymétrique gagnera les pays étrangers, telle la Bavière où travaillera Cuvilliés. En France, l'adoption de ces formes prendra un tour tantôt plus fluide, tantôt plus mesuré.

L'architecture

Sous Louis XV, la simplicité du bâtiment n'en continue pas moins à s'opposer à l'exubérance du décor intérieur. L'emploi des ordres tend à disparaître, sauf dans les avant-corps, lesquels sont cependant beaucoup moins ornés que sous Louis XIV. Le décor se limite aux consoles, aux clefs des arcades et des fenêtres, aux jeux de chaînages et de refends, aux ferronneries et aux vantaux des portails qui repro-

Dijon, portail de l'hôtel Chartraire. Photo Bertault-Arthaud.

duisent les ornements des lambris (Dijon, hôtel Chartraire de Montigny). Le rythme général repose surtout sur la répartition harmonieuse des fenêtres, rectangulaires, en plein cintre ou le plus souvent bombées. Le rez-de-chaussée des maisons sur rue reçoit habituellement de grandes arcades qui abritent dans leur cintre les fenêtres de l'entresol.

Seuls le plan et la distribution échappent à ces lois uniformes. Les plans massés déterminent la disposition des pièces secondaires autour du salon central. Le vestibule, de plus en plus, conduit directement à ce dernier, tandis que l'escalier attenant est désormais reporté sur la droite. L'évolution des mœurs consacre enfin l'apparition à présent générale de la salle à manger, de la salle de bain ou du cabinet de toilette.

La mode des petits édifices entraîne la multiplication des « folies » et des pavillons, souvent coiffés « à l'italienne » d'une balustrade (Hermitage de Mme de Pompadour par A.-J. Gabriel, 1749, Fontainebleau). En Lorraine, Emmanuel Héré, qui à la demande du roi Stanislas élève les châteaux de La Malgrange et de Chanteheux, couvre les jardins du monarque d'édicules et de fabriques dont le goût va se répandre à la fin du règne de Louis XV.

L'urbanisme

La simplicité de ces formes s'efface toutefois dans l'architecture publique, domaine traditionnellement monumental. Celle-ci connaît un grand essor sous Louis XV grâce à l'action des intendants. L'urbanisme du XVIIIe siècle a marqué de son sceau un nombre important de nos villes. On lui doit un peu partout la répétition des grandes ordonnances héritées de Jules Hardouin-Mansart, ces bâtiments composés d'arcades et de soubassements à refends surmontés d'un ordre de grands pilastres ioniques ou corinthiens. Ainsi, Jacques V Gabriel a-t-il remodelé la ville de Rennes, dessiné la place du Palais et érigé l'hôtel de ville, avant de faire, en compagnie de son fils Ange Jacques, de la place Royale (1731-1755), de l'hôtel des Fermes et de la Douane de Bordeaux un des plus beaux ensembles urbains de l'Ancien Régime. A Nancy, tirant un parti admirable des grilles de Jean Lamour, Héré de même devait réunir la place Royale (Stanislas), l'hôtel de ville et ses pavillons, l'Hémicycle et la Carrière dans une orchestration ornementale d'une homogénéité exceptionnelle (1752-1755). Enfin, à Paris, Ange Jacques Gabriel, combinant exigences spatiales et recherches formelles, réussit à tirer des bâtiments de la place de la Concorde (1757-1763) un effet inédit d'élégance et de mesure.

Ces travaux d'édilité se soldent également par une floraison d'édifices publics, bourses, marchés, ponts, promenades et fontaines. Parmi ces derniers, on retiendra l'exemple étonnant du jardin de « la Fontaine », à Nîmes, le décor rocaille de la fontaine du Gros-Horloge à Rouen (1731) ou monumental de celle de la rue de Grenelle à Paris (1739-1745) dont la sobre composition architecturale fit de Bouchardon l'un des précurseurs du retour au classicisme.

Paris, bâtiments de la place de la Concorde. Photo Verroust.

*Paris, fontaine de
la rue de Grenelle,
par Bouchardon.
Photo Hirmer.*

Paris,
église Saint-Sulpice.
Portique
d'après Servandoni.
Photo Hirmer.

L'architecture
religieuse

En général, l'architecture religieuse conserve l'élévation traditionnelle et ses ordres superposés. La façade de Saint-Roch exécutée en 1728 sur les plans de R. de Cotte, celle de La Rochelle par J. Gabriel ou celle de Saint-Louis de Versailles par Mansart de Sagonne (1743) s'inspirent étroitement de l'ordonnance du type jésuite : une travée haute sur deux travées basses, le tout réuni par des ailerons. Certains architectes animent ces volumes de courbes, de saillies, de décrochements, comme Boffrand et Héré à Saint-Jacques de Lunéville (1730-1747). D'autres rompent avec le plan traditionnel à nef et bas-côtés pour imposer au vaisseau des formes rondes, circulaires ou ovales (Oratoire d'Avignon par F. Delamonce, 1730). Mais c'est la façade de Saint-Sulpice, à Paris, avec ses portiques superposés, élevés sur le dessin de Servandoni, qui s'éloigne le plus des schémas anciens.

L'emploi de colonnes réunies en péristyle et utilisées, sans artifice aucun, comme support logique des linteaux y préfigure les recherches classicisantes de la fin du règne.

A l'intérieur de ces édifices, le décor rejoint davantage le goût du jour. Stalles (Marmoutier) et boiseries (Paris, Saint-Sulpice, sacristies des Messes et des Mariages d'après Oppenord, v. 1730) épousent le style rocaille des lambris des hôtels. Retables sculptés, gloires (Paris, Saint-Roch, chapelle de la Vierge par Falconet, 1754-1755), suspenses, baldaquins (Lyon, Saint-Bruno des Chartreux) rivalisent de dorures et de chantournements.

Un décor aimable gagne ainsi les salons (Saint-Étienne de Caen), les réfectoires, les bibliothèques (Paris, Sainte-Geneviève, lycée Henri-IV) des abbayes. A ce caractère profane s'ajoutent, à l'extérieur, des dispositions qui font des logis des chanoines ou des abbés commendataires (Remiremont), et même parfois des bâtiments conventuels (Prémontré), des ensembles qui ne diffèrent en rien de l'architecture laïque (Saint-Ouen à Rouen). Plus sobres, Saint-Vaast

Paris, église Saint-Sulpice. Boiseries de la sacristie des mariages d'après Oppenord. Photo Arch. Phot.

Vantaux de porte d'après Aubert et Le Roux. Paris, Bibliothèque nationale, Estampes. Photo B.N.

(Arras), Jumièges, Saint-Étienne de Caen alignent de longues façades rythmées par de classiques pavillons et avant-corps.

Le décor intérieur

En France, l'adaptation des formes rocailles au décor intérieur semble avoir échappé aux prestiges du trompe-l'œil et aux effets illusionnistes en honneur dans les pays d'Europe centrale. Si fluide ou si triomphant soit-il, le réseau ornemental demeurera toujours un art de surface qui, pour s'abandonner au vertige de la ligne, n'en basculera que très rarement dans les décrochements outrés et la surcharge.

Château de Rambouillet, boiseries du boudoir de la comtesse de Toulouse. Photo Paillasson-Arthaud.

Ainsi en va-t-il pour Nicolas Pineau, considéré comme un des créateurs du style : avec lui, c'est la conception entière du décor intérieur qui évolue de manière fondamentale. Aux boursouflures d'un Meissonnier, il préfère l'ondoiement général des lignes, le jeu délicat du relief, réduit à une fine mouluration, mais dont il libère l'exubérance explosive. Aucun obstacle ne s'oppose à la progression des vrilles et des entrelacs : dans le salon Rouge de l'hôtel de Roquelaure (Paris, 1733), les angles de la pièce se cintrent, la moulure supérieure de la corniche avance sous l'effet continu des courbes et des contre-courbes. Quant au traitement des motifs, s'il repose sur un thème essentiellement végétal de brindilles, de fleurons, de lianes, à force de ruptures, d'enroulements, il aboutit à une dissolution complète des éléments du décor, à un art de dentelle.

De la même manière, le boudoir de la comtesse de Toulouse au château de Rambouillet (v. 1735) témoigne de la virtuosité atteinte par nos artistes dans ce domaine. Méandres, dentelles, sinuosité vertigineuse du contour coïncident alors avec un épanouissement extraordinaire de la sculpture ornementale.

Château de Versailles, cabinet de la Pendule. Photo Flammarion.

Château de Versailles, cabinet de la Pendule. Lambris par Jacques Verberckt, vers 1738. Dessin de Claudine Caruette.

Au-delà des motifs, cet art demeure un art d'interprétation, aux manières multiples, à l'esprit étonnamment varié. A Versailles, où l'on est somme toute plus conservateur, Jacques Verberckt, autre grand artiste du temps, réalise sous la direction de Gabriel les lambris de la chambre de Louis XV (1738), ceux du Cabinet de la Pendule (1748) et du salon de Mme Adélaïde en mêlant finesse et solidité dans un style qui lui est personnel. Mais chez lui jamais l'invention n'éliminera le sens de la matière et ne viendra à bout de la résistance plastique de l'ornement.

Un trait commun toutefois à ces intérieurs français : rarement l'asymétrie dépasse le détail ornemental. Les lignes principales quant à elles demeurent traditionnelles. Ainsi en reste-t-on le plus souvent à ce qu'on a appelé « l'asymétrie relative » : d'un même motif à l'autre, les masses se balancent, en s'inversant les courbes et les contre-courbes s'annulent et maintiennent une symétrie générale.

De la même manière, ce goût de la mesure explique la persistance d'ordonnances anciennes, telle celle qu'on rencontre dans le salon de la Princesse à l'hôtel de Soubise, chef-d'œuvre de l'architecte Boffrand et du peintre Natoire (Paris, Archives nationales, 1738-1740). Mis à part l'orchestration audacieuse qui unit cartouches de la corniche, roses et entrelacs rayonnants de la voûte en un rythme ininterrompu, l'alliance d'arcades et d'écoinçons incurvés y obéit à une composition déjà fort classique.

Outre les coquilles, les formes rocailles et les cartouches à enroulements ou ailés, on retiendra l'importance des thèmes végétaux et floraux : acanthes, chicorées, roseaux, fleurons, semis légers. Le palmier, le jonc s'étirent le long des cadres des miroirs ou des lambris (Paris, hôtel de Soyecourt) avant de s'épanouir en houpette ou en plumet. Trophées de chasse, trophées champêtres répondent aux sujets bucoliques des dessus-de-porte. Avec les *Fables* d'Ésope ou de La Fontaine, la faune offre un répertoire de choix pour les paravents, les tapisseries des sièges, les médaillons des lambris (Paris, hôtel de Rohan, Cabinet Vert, panneaux provenant de l'hôtel de Soubise). Les sujets exotiques, remis à l'honneur par la Régence, sont très prisés. Christophe Huet († 1749) se spécialise

Le répertoire décoratif

Paris, hôtel de Rohan, médaillon représentant une fable de La Fontaine. Panneau provenant de l'hôtel de Soubise. Photo Verroust.

Paris, hôtel de Soubise. Salon ovale de la princesse par Boffrand. Peintures de Natoire. Photo Verroust.

Paris, hôtel de Rohan.
Cabinet des Singes,
par Christophe Huet.
Photo Giraudon.

dans les singeries (château de Chantilly, 1735), les chinoiseries (château de Champs, 1747). Son Cabinet des Singes à l'hôtel de Rohan (1749) demeure un modèle du genre.

Coloris   Si l'on utilise en certains endroits le plâtre, le stuc et les gypseries (en Provence et en Languedoc surtout), les lambris de bois sculpté sont d'un usage général. Parfois de couleur naturelle, comme à Rambouillet, ces derniers reçoivent le plus souvent des teintes tendres, bleu, vert, lilas, sur lesquelles jouent les dorures. Ce n'est qu'à partir des années 1745 que le vernis Martin commence à être employé.

La peinture

La mort de François Lemoine en 1737, un an après l'achèvement de l'*Apothéose d'Hercule* à Versailles — dernier décor plafonnant de l'époque dans le goût italien —, semble tirer un trait définitif sur le grand genre. Privée de commande, la peinture d'histoire passe au second plan avec Galloche, J.-F. de Troy ou Jean Restout qui, dans ses tableaux d'église, adapte la manière de Jouvenet au goût du jour en soumettant la tension dramatique aux jeux de surface et au brillant des étoffes. Décorateur prestigieux, Charles Joseph Natoire (1700-1777), l'auteur des peintures en trompe-l'œil de la chapelle des Enfants-Trouvés (Paris, 1750, détruit), ne va pas tarder à gagner l'Italie. Et le futur Premier peintre, Charles Antoine Coypel (1747), se cantonnera lui-même pour l'essentiel dans l'exécution de cartons de tapisserie et de mises en scène de théâtre.

Depuis 1738, date de l'installation de Louis XV dans ses petits appartements à Versailles, règne un nouveau style à la cour : celui mis au point dans les dernières années de la Régence. De cette tendance au métier décoratif et à la préciosité, François Boucher (1703-1770) dégage un sens poétique tout personnel. Au prestige de la technique il allie un traitement plein des formes et une harmonie « quasi irréaliste » qui renouvellent tous les genres qu'il aborde : thèmes voluptueux de la mythologie (*Le Triomphe de Vénus*, 1740, Stockholm, Musée national), scènes de genre, paysages ou chinoiseries.

Le Triomphe de Flore,
par François Boucher.
Stockholm,
Nationalmuseum.
Photo du musée.

Après Rigaud (*Le Président Gaspard de Gueidan*, 1735, Aix-en-Provence, musée Granet) et Raoux, J.-M. Nattier (1685-1766) donne ses lettres de noblesse au portrait mondain auquel il apporte ses ressources de metteur en scène et de virtuose de la matière : allégories et jeux d'étoffe viennent à bout des physionomies les moins flatteuses. Plus jeune, Louis Tocqué (1696-1772) s'oriente vers une formule simplifiée, élimine peu à peu le décor, réduit le buste à une position de trois quarts, plus apte à ramener l'attention sur la physionomie. La même évolution distingue les pastellistes Maurice Quentin de La Tour (1704-1788) et Jean-Baptiste Peronneau (1715-1783). Excepté dans ses esquisses, le premier accorde un égal brillant au décor et à l'expression des visages (*La Marquise de Pompadour*, 1755, Louvre). Plus directe, la technique du second ne dissimule ni la touche ni les imperfections du modèle (*Abraham Van Robais*, Louvre).

Ce souci de réalisme, non exempt de réminiscences septentrionales, on le retrouve également chez J.-A. Aved et Nonotte, peintres de la vie quotidienne. Les mêmes traditions flamandes renouvellent également le genre de la nature morte. Aux compositions savantes de Desportes et Oudry, Jean-Baptiste Siméon Chardin (1699-1779) substitue un groupement simple des objets, réduits à eux-mêmes, à la vibration des tons et au rendu exact des matières. Rompant avec le métier léché, Chardin confère le premier un tour expressif aux effets de pâte. Sa contribution à l'affinement de la scène de genre n'est pas moins négligeable. A la manière des Le Nain, il la vide de tout contenu anecdotique et hausse les sujets populaires au niveau d'une poésie réfléchie et grave.

La sculpture

La sculpture sous Louis XV se place d'abord sous le signe de la continuité. L'art brillant et léger inauguré à Marly par Coysevox dans les dernières années du règne de Louis XIV s'impose à ses neveux, Nicolas et Guillaume Coustou (*Les Chevaux de Marly*, 1745), et à J.-B. Lemoyne (*Le Baptême du Christ*, 1731, Paris, Saint-Roch). A travers eux se développe une

Paris, place
de la Concorde.
Les Chevaux de Marly,
par Guillaume Coustou.
Photos Verroust.

Madame de Pompadour, *par Maurice Quentin de La Tour,*
pastel. Paris, musée du Louvre. Photo Giraudon.

rhétorique du mouvement et de la vivacité, expression mi-baroque, mi-rococo qu'incarnent alors Robert Le Lorrain (Paris, *Les Chevaux du Soleil*, écuries de l'hôtel de Rohan), les frères Slodtz et les frères Adam. La contribution des frères Adam au décor du *bassin de Neptune* (1735-1740) et de la chapelle de Versailles (bas-relief du *Martyre de sainte Victoire* par Nicolas Sébastien) traduit assez bien ce goût pour l'emphase aimable réduite au souci unique de l'effet.

Avec Michel-Ange Slodtz (*tombeau du curé Languet de Gergy*, 1753, Paris, Saint-Sulpice) ou Pigalle (*monument de Maurice de Saxe*, 1753-1770, Saint-Thomas de Strasbourg), la sculpture funéraire aime à envelopper le défunt d'une mise en scène théâtrale.

Le portrait, enfin, représente une expression majeure du style Louis XV. La technique adoptée, comme l'usage du trépan pour creuser l'iris de l'œil hérité du travail de la terre, en fait souvent un art de modeleur. La vogue grandissante des terres cuites ne fera que développer ce goût pour l'expression et la spontanéité. Portraitiste officiel de Louis XV, Jean-Baptiste II Lemoyne (1704-1778) saura flatter en

Paris,
église Saint-Sulpice.
Tombeau du curé
Languet de Gergy,
par Michel-Ange Slodtz.
Photo Hirmer.

virtuose les bustes de commande, mais animer aussi certaines de ses œuvres d'une énergie et d'une flamme naturaliste qui devaient s'avérer riches d'avenir (*Le Physicien Réaumur*, *L'Avocat Gerbier*, 1761).

Le mobilier

Davantage encore que sous la Régence, les formes se libèrent, s'évasent, l'ornementation rocaille s'épanouit dans les bronzes, dont le mouvement, à la fois sinueux et rompu, le relief, à la fois souple et déchiqueté, ne connaissent plus de repos. Chef-d'œuvre du genre, la commode livrée en 1739 par Antoine-Robert Gaudreaux (v. 1680-1751) pour la chambre du Roi à Versailles témoigne du degré de perfection obtenu dans ce genre de travail, auquel collaboraient d'ailleurs souvent plusieurs artistes. Ainsi, dans le cas de cette commode, les frères Slodtz seraient responsables du dessin des ornements, l'atelier de Gaudreaux de l'ébénisterie et Jacques Caffieri (1678-1755), célèbre pour ses bronzes d'ameublement, du décor rocaille (Londres, Wallace Collection).

La spécialisation des usages, que développe le goût croissant du confort, donne naissance à une foule de meubles nouveaux : chiffonnière, table de toilette, secrétaire à double pente, table-coiffeuse, table de jeu, table de chevet, meuble d'encoignure et meubles à mécanismes (plateau coulissant et cachettes).

Jusque dans les années 1740, le placage est uni ou composé de motifs géométriques juxtaposés. Puis la marqueterie de fleurs commence à se répandre. Le

Le physicien Réaumur, terre cuite par Jean-Baptiste Lemoyne. Paris, musée du Louvre. Photo Giraudon.

Commode de la chambre du roi, par Gaudreaux et Caffieri. Londres, Wallace Collection. Photo du musée.

« frisage » permet de tirer des effets de surface du fil de bois par la disposition contrastée des feuilles de placage. Les meubles de laque, enfin, prennent surtout leur essor à partir des années 1748-1750, époque où les frères Martin mettent au point le célèbre vernis « façon de Chine » qui portera leur nom. A ce procédé au décor doré sur fond noir, s'ajoute bientôt la technique des laques polychromes venue de Coromandel. Cependant, les meubles en bois massif subsistent en grand nombre.

Outre Cressent et Gaudreaux, déjà célèbres sous la Régence, signalons parmi les grands ébénistes Jacques Dubois (1693-1763), Pierre II Migeon (1701-1758), auteur du fameux bureau de Vergennes (Louvre), et Jean-François Œben (1720-1763), virtuose de la marqueterie et des meubles à mécanisme.

La tapisserie

Jusqu'en 1750, les Gobelins n'abandonnent pas la tradition des grandes tentures à thème héroïque ou « officiel », inaugurée par Le Brun sous le règne précédent. Citons dans cette veine *L'Ambassade turque* d'après Charles Parrocel (1731), *L'Histoire d'Esther* d'après J.-F. de Troy et surtout la célèbre tenture des *Chasses de Louis XV* d'après Oudry (1736).

Mais le « goût aimable » l'emporte et, dès le milieu du siècle, on assiste à la multiplication des petites pièces. Parmi elles, la plus célèbre fut la *Tenture des Dieux* tissée d'après les cartons de Boucher et de Maurice Jacques. Avec ses médaillons aux mythologies avenantes et ses alentours garnis de rubans, d'étoffes et de cadres en trompe-l'œil, elle demeure le chef-d'œuvre rocaille de l'époque.

A partir des années 1730, sous l'impulsion d'Oudry, la manufacture de Beauvais connaît une faveur prédominante, non sans effet sur la production générale. Au renouvellement des thèmes, dès lors plus naturalistes, s'ajoute un changement stylistique radical. Désormais rivale du tableau de chevalet, la tapisserie s'oriente vers une conception nettement picturale. Fidélité au réel, recherche d'une gamme de tons sans cesse plus étendue ont alors pour contrepartie l'usage de teintures chimiques.

*« Le roi tenant le limier »,
tenture des*
Chasses de Louis XV,
*d'après Oudry.
Atelier des Gobelins.
Paris, Mobilier national.
Photo Musées nationaux.*

Cependant, l'œuvre réalisée à Beauvais de 1734 à 1754, en particulier grâce à la collaboration de Boucher et d'Oudry, représente un des sommets de la tapisserie du xviiie siècle. Signalons d'après le premier l'*Histoire de Psyché* (1741) et la *Tenture chinoise*, d'après le second *Les Métamorphoses d'Ovide* (1734) et *Les Verdures fines* (1735), sans oublier une des œuvres les plus décoratives de la manufacture : l'*Histoire de Don Quichotte* d'après Natoire.

La céramique

Faïences. Sous Louis XV, les centres provinciaux de faïence connaissent un essor important, en particulier grâce au renouvellement de leurs thèmes décoratifs. Parmi les plus belles réussites, on retiendra à

41

*Terrine couverte
et son plateau.
Faïence à décor de
petit feu polychrome
sur fond jaune.
Marseille, fabrique
de la Veuve Perrin.
Paris, musée du Louvre.
Photo Musées nationaux.*

Rouen la liberté d'interprétation des motifs extrême-orientaux du type dit de la « Famille verte », et à Moustiers la substitution progressive, sous l'influence de Joseph Olerys, d'un répertoire polychrome de médaillons et de guirlandes au traditionnel camaïeu bleu « à la Berain ».

L'invention, enfin, à Strasbourg, de la technique du « petit feu », en permettant de peindre sur l'émail déjà cuit, autorise en même temps que les retouches une palette beaucoup plus étendue. De 1730 à 1760, Paul Hannong, à Strasbourg, renouvelle entièrement le décor floral et la gamme de couleurs, tout en évoluant vers un goût de plus en plus naturaliste (terrines en forme de légumes ou de hures de sanglier). Autre centre important de « petit feu », Marseille, grâce aux fabriques des Fauchier, de la Veuve Perrin et de Joseph-Gaspard Robert, développe un riche répertoire de fleurs, de poissons, de paysages et de scènes de genre inspiré de la peinture du temps. A partir de

1745, la plupart des centres faïenciers sont gagnés par le goût rocaille : progressivement les formes des pièces se compliquent et inclinent à l'asymétrie.

Porcelaines. L'histoire de la porcelaine sous Louis XV se résume presque uniquement à l'utilisation de la pâte tendre. Ce n'est qu'après 1770 que la France pourra rivaliser dans la fabrication de porcelaine dure, comparable à celles de Chine ou de Saxe. Jusque-là, Saint-Cloud, Chantilly et Vincennes se contenteront de produire de la porcelaine tendre, non sans imiter les fabriques étrangères. L'influence de Meissen donne jour notamment à un ample décor floral. Les ateliers excellent dans la réalisation de fleurs au naturel montées en bronze. A partir du milieu du siècle, la mise au point par Vincennes, puis par Sèvres des fonds colorés, où le décor se détache dans des cartels « en réserve », lance la mode du « bleu » d'esprit chinois par son aspect nuageux, du bleu « turquoise » en 1752 dit « bleu céleste », couleurs que suivront le jaune jonquille en 1753, le vert pomme en 1756 et le fond rose en 1757.

L'orfèvrerie

A partir des années 1725-1730, l'orfèvrerie substitue au sens architectural de l'objet hérité du XVIIe siècle un galbe mouvementé et une découpe nettement influencés par le style rocaille. L'adoption de ces formes doit beaucoup aux gravures de Meissonnier, ainsi qu'en témoigne le candélabre torsadé exécuté

Flambeau à trois branches en argent par Cl. Duvivier, d'après Meissonnier. Paris, musée des Arts décoratifs. Photo du musée.

Écritoire du cardinal da Cunha en argent doré, par Thomas Germain. Paris, musée du Louvre. Photo Musées nationaux.

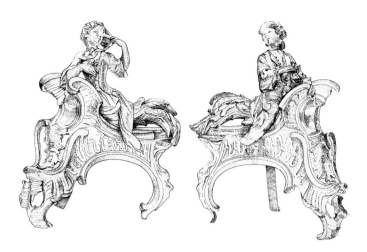

Paire de chenêts,
« Le Coq et la Poule »,
par Caffieri. Paris,
musée des Arts décoratifs.
Dessin de
Claudine Caruette.

d'après lui par Claude Duvivier pour le duc de Kingston (1734-1735, Paris, musée des Arts décoratifs). Mais le maître qui domine cette phase est Thomas Germain (1673-1748), chez qui s'allient exubérances de la rocaille et inventions naturalistes. L'ampleur et la richesse des ornements, le sens du mouvement et de la vie caractérisent ce premier style qu'on retrouve aussi chez Alexis III Loir, Louis Regnard ou Henry-Nicolas Cousinet, auteur du nécessaire de Marie Leszczynska (Louvre).

Le deuxième quart du siècle revient à plus de légèreté, à un décor volontiers naturaliste mais qui évite la surcharge. Jean-François et Edme-Pierre Balzac, Antoine-Sébastien Durand, Charles Spire illustrent cette période d'élégance raffinée où dominent les motifs inspirés par le règne végétal : pieds en rouleau s'épanouissant en feuillage, couvercles couronnés de grenades ou de choux, couvre-plats en forme d'animaux, de crustacés. Cet art associe toutefois un répertoire ancien de godrons et de grecques aux enroulements, aux canaux et aux côtes tors ou rayonnants caractéristique du goût de l'époque.

La ferronnerie

Sans cesse renouvelée par les dessins des ornemanistes, les recueils gravés des architectes, la ferronnerie épouse étroitement l'évolution du style Louis XV. Sous l'influence de J.-G. Huquier, Ch.-E. Briseux, le style répétitif et rectiligne évolue vers le mouvement et le dynamisme des courbes. Les appuis de balcons adoptent des formes galbées dites « en corbeille ». Le répertoire animalier et anthropomorphe du siècle précédent cède le pas au règne végétal : rocailles, feuilles d'eau à bords ondulés, treillis à claire-voie, aux formes nerveuses et déchiquetées — ornements en tôle repoussée ou en métal fondu dont la profusion, en France, n'ira jamais jusqu'à masquer la netteté des lignes.

*Balcon orné
d'une palmette ajourée.*

C'est que, sauf exception, l'asymétrie, les ruptures de lignes portent plutôt sur le décor ciselé et rapporté, les motifs en applique. La structure architectonique conserve le plus souvent sa cohésion traditionnelle. Ainsi en va-t-il pour les célèbres grilles exécutées par Jean Lamour sur la place Stanislas à Nancy (1752-1755) ou celles du chœur de la cathédrale d'Amiens par Jean Vivarais (1762).

*Nancy, grilles de la
place Stanislas,
par Jean Lamour.
Photo
Paillasson-Arthaud.*

Versailles, le Petit Trianon, par Gabriel.
Photo Boudot-Lamotte.

LE STYLE TRANSITION
(1750-1774)

Caractères généraux

C'est vers 1750 que prend naissance la réaction
contre les outrances des formes Louis XV. Cette
première offensive est le fait de théoriciens groupés
autour du nouveau directeur des Bâtiments, le marquis de Vandières, beau-frère de Mme de Pompadour,
plus connu sous le nom de marquis de Marigny. Après
un voyage de formation en Italie, en compagnie de
l'architecte Soufflot, l'abbé Leblanc et le graveur
Cochin le Jeune, ce dernier prendra possession de son
poste en 1751.

Mais les attaques publiées peu après par Cochin
(dont la célèbre *Supplication aux orfèvres* de 1754)
sont surtout dirigées contre les excès du style rocaille
et ses extravagances et ne visent à rien d'autre qu'à
obtenir un retour au bon goût et à la mesure du siècle
précédent. A la même époque, d'ailleurs, gagnant la
plupart des disciplines, un assagissement général du
décor, un jaillissement désormais plus tempéré
paraissent répondre à ces polémiques.

Ce n'est toutefois qu'à partir de la décade suivante
que, sous l'influence des fouilles d'Herculanum et de
Pompéi (1748), puis de la découverte du dorique de
Paestum (1764), prendra corps, grâce aux écrits et
aux recueils d'amateurs et de professionnels comme le

Le Printemps et l'Été
et Les Indes,
gravures d'ornements
par J. Ch. Delafosse.
Photos Flammarion.

comte de Caylus, l'abbé Laugier, Peyre ou Dumont, l'idée d'une imitation directe de l'antique. Cet idéal, qui devait engendrer le néo-classicisme, les architectes de la nouvelle génération commencent à le mettre en pratique dès les années 1770, et, avec eux, les peintres, les sculpteurs, les ornemanistes.

Aussi a-t-on pris l'habitude de baptiser la deuxième partie du règne de Louis XV « époque de transition » — transition en deux temps, pour être plus juste, mais au cours de laquelle, en architecture, en peinture, en sculpture comme en ameublement, va se mettre en place l'essentiel des tendances qui devaient donner jour au style Louis XVI.

L'architecture

En architecture, la première réaction se traduit dès le milieu du siècle par un retour à l'académisme du règne de Louis XIV. Progressivement, on supprime les ornements jugés superflus, on opte pour la rigueur et la simplicité des lignes. L'art du Premier architecte Ange Jacques Gabriel illustre jusque dans les bâtiments officiels cette lente épuration du style, gagné par la sobriété des formes. Coup sur coup, les travaux de Compiègne (1751-1755), l'érection de la place Louis XV (place de la Concorde, 1757-1763), du Petit Trianon (1762-1764) et de l'École militaire (à partir de 1765) consacrent la vogue renaissante des colonnades et de l'ordre colossal mais aussi la simplification des volumes réduits peu à peu à l'essentiel — à leur qualité plastique.

Le respect nouveau de l'ordonnance architecturale marque également l'œuvre de Contant d'Ivry (Paris, façade sur cour du Palais-Royal, 1763-1766), celle du théoricien et professeur Jacques François Blondel (hôtel de ville de Metz, 1764-1775), celle d'Antoine-Mathieu Le Carpentier (château de la Ferté-Vidame) ou même les débuts de Nicolas Le Noir et de Jacques-Germain Soufflot (Loge au Change à Lyon, 1747-1750).

Mais la stéréotomie parfaite du Petit Trianon, avec son plan ramassé, la volonté de rigueur qui se dégage de la nudité de ses surfaces libres de tout ornement s'éloignent déjà de l'académisme majestueux hérité de Jules Hardouin-Mansart. Sous l'influence de Palladio et du dorique grec, la jeune génération ne tarde pas à radicaliser cette tendance au dépouillement des formes.

Deuxième réaction, la rupture avec le style versaillais de Gabriel, dans les années 1770, passe par l'affirmation brutale de volumes simples et géométriques. Le cube et le cylindre engendrent la mode des petits pavillons à l'antique précédés d'un portique dont Claude Nicolas Ledoux (1736-1806) fixe le prototype à Eaubonne, dans ses constructions parisiennes, puis à Louveciennes en 1771 pour la Du Barry. Le cercle, l'ovale, la sphère, figures de prédilection de l'époque suivante, s'inscrivent déjà dans les habitations où des novateurs comme Charles de Wailly (château de Montmusard, 1765) combinent vestibules et salons circulaires, dômes et hémicycles. Dans les églises, le péristyle doté d'un ordre colossal fait son apparition simultanée avec Louis-François Trouard à Saint-Symphorien de Montreuil (1764), Chalgrin à Saint-Philippe-du-Roule (Paris, 1765-1777), Contant

Nef de Saint-Symphorien de Montreuil, par L.-F. Trouard. Peinture de Pierre-Antoine Demachy. Paris, musée Carnavalet. Photo Flammarion.

d'Ivry à Saint-Vaast d'Arras (v. 1755) et Soufflot enfin à Sainte-Geneviève (Panthéon à partir de 1764) et dans les bâtiments de la faculté de droit (Paris, place du Panthéon, 1771-1783). A l'intérieur de certains de ces édifices, colonnes, entablements et voûtes en berceau décorées de caissons jettent les fondements du néo-classicisme.

Pour donner plus de force à la cohésion des volumes, les jeunes architectes rompent avec les ordres superposés et la hiérarchie des différents corps de bâtiment chère à l'ordonnance traditionnelle. Ainsi Ledoux au château de Bénouville, Antoine à l'hôtel de la Monnaie (Paris, 1767-1775), Gondouin à l'École de chirurgie (Paris, 1769-1776) expriment-ils un nouveau traitement des masses, sans cesse plus monumental. La plupart de ces combinaisons inédites devaient ouvrir la voie au style architectural du règne de Louis XVI.

Le décor intérieur

Les premières modifications enregistrées dans le décor ne portent d'abord que sur les excès des formes rocailles et les extravagances de l'asymétrie. Dès 1754, à Versailles, dans le Cabinet d'Angle, Gabriel et le sculpteur Verberckt substituent à l'exubérance des entrelacs un sens du pittoresque plus « tempéré ». Autour des médaillons aux contours assagis on ne trouve plus que des branches de fleurs réunies par un ruban et traitées dans un goût naturaliste. Mais, quelque quinze ans plus tard, après remaniement, le même cabinet présente des dessus-de-porte dont les médaillons inscrits dans des rectangles pèsent un tout autre poids. C'est qu'entre-temps, malgré les persistances, le décor rocaille est tombé progressivement en défaveur.

Le goût néo-Louis XIV Cette désaffection prend d'abord la forme d'un retour au « Grand Goût », soit au style Louis XIV de Le Pautre. Ainsi, Gabriel lui-même, dans la Galerie dorée du Garde-Meuble (ministère de la Marine, place de la Concorde, 1768-1772), revient-il aux plafonds à caissons, à la corniche pleine et aux ornements statiques en honneur sous Louis XIV. La grande vous-

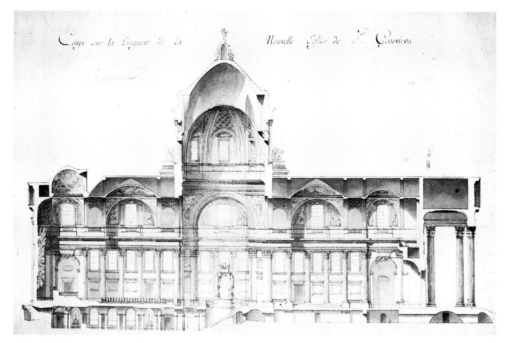

Coupe de l'église Sainte-Geneviève, actuel Panthéon.
Dessin de l'atelier de Soufflot. Paris, Archives nationales.
Photo Flammarion.

Paris, hôtel de la Monnaie, par Antoine.
Photo Paillasson-Arthaud.

sure réapparaît également à l'École militaire dans le salon des Maréchaux. Au Palais-Royal (1755-1760), Constant d'Ivry ressuscite les divisions architectoniques des grands ordres de pilastres et de colonnes (Salle à manger, 1765, aujourd'hui Conseil d'État). Les motifs décoratifs évoluent dans le même sens : trophées et médaillons historiés s'inscrivent dans des panneaux et des portes aux divisions quadrangulaires. Avec leur répertoire guerrier ou allégorique, les lambris imposants du Café militaire et de l'hôtel d'Uzès (1768-1769) exécutés d'après Ledoux (Paris, musée Carnavalet) illustrent bien cette mode que seul l'amour de l'antique parviendra à détrôner.

Une fois de plus, le Petit Trianon fait figure ici de monument charnière (décors entre 1764 et 1768). Strictement géométrique et rectiligne, le dessin général des lambris se termine par des arcades semi-circulaires au-dessus des ouvertures et des glaces. Quant aux ornements, leur raideur élégante et leurs moulurations aux tons pâles semblent tourner définitivement le dos au mouvement rocaille pour adopter un répertoire déjà Louis XVI : guirlandes, frises, couronnes, feuilles d'acanthes et rosaces.

Le goût grec

La divulgation du dorique grec de Paestum affermit un goût antiquisant qui ne touchait jusqu'ici qu'un cénacle. Des ornemanistes comme Neufforge et surtout Jean-Charles Delafosse (*La Nouvelle Iconologie historique*) vulgarisent alors les motifs « à la grecque » que reprennent des architectes et des décorateurs comme Clérisseau, Lhuillier et Cherpitel (Paris, salon de l'hôtel du Châtelet, 1770-1771). Les milieux officiels sont bientôt touchés par la mode avec l'entrée de Michel-Ange Challe et de François Joseph Bélanger aux Menus Plaisirs. Après la bibliothèque de Mme Sophie (1769) et avant le Cabinet des Bains de Louis XV (1770, œuvre du sculpteur Rousseau), la décoration de la salle et du foyer de l'Opéra de Versailles (1768-1770), avec ses colonnes monumentales et ses bas-reliefs mythologiques, marque déjà une première concession au goût nouveau.

Château de Versailles, Cabinet des Bains de Louis XV. Lambris par Rousseau. Dessin de Claudine Caruette.

Paris, École militaire, le salon des Maréchaux. Photo Verroust.

Mais c'est surtout le décor de Louveciennes (1771), réalisé sous la direction de Ledoux qui consacre les lois du genre. Le répertoire des lambris, sculptés par Métivier, Feuillet et Boiston, y inaugure une ère nouvelle. Nymphes groupées deux à deux sur d'étroits parcloses garnis de vases et de rinceaux, trépieds antiques et cornes d'abondance ont chassé pour toujours, semble-t-il, les motifs rocailles. En même temps, reliefs et bas-reliefs, médaillons, trophées et frises amorcent un règne ornemental qui va dominer l'époque suivante.

Métivier et Feuillet. Parclose provenant de Louveciennes. Photo Maille.

La peinture

Jusque dans les années 1760-1770, les Premiers peintres Carle Van Loo (1752-1765) et Boucher (1765-1770) maintiennent le lyrisme chaleureux et mouvementé de la peinture décorative. Toutefois, préparée de longue date par l'administration des Bâtiments, la peinture d'histoire connaît dès 1750 un renouveau qui va marquer la dernière partie du règne.

Sous l'influence des critiques, le souci de revenir à plus de mesure, la nécessité de rompre avec l'illusionnisme et le *far presto* s'imposent à la jeune génération. Le retour au « grand genre » prend alors deux directions. L'une, représentée par Jean-Baptiste Desays et Gabriel-François Doyen (*Le Miracle des Ardents*, Paris, Saint-Roch, 1767), renoue avec la tradition baroque, italienne ou rubénienne. L'autre, inaugurée par Joseph Marie Vien (*Le Temple de l'Hymen*, préfecture de Chambéry) et Lagrenée, opte pour un style antiquisant qui préfigure le néo-classicisme de la fin du siècle. Au demeurant, la réaction s'exprime par une palette plus acide, une certaine raideur ou dépouillement dans les formes et surtout par une décence nouvelle observée dans le traitement des nudités.

Le même mouvement confère à la scène de genre un sérieux et un poids moralisateur inédits. Jean-Baptiste Greuze (*L'Accordée du Village*, Louvre, 1761), N.-B. Lépicier, E. Aubry, P.-A. Wille se spécialisent dans cette imagerie larmoyante qui répond à un besoin très vif de redressement des mœurs. Mais cet art d'émotion ne se cantonne pas dans une seule discipline. Sous l'influence de Roslin et de Drouais (spécialistes de visages d'enfants) se développe la mode du « portrait sensible ». Greuze et J.-S. Duplessis illustrent bien cette formule partagée entre l'épaisseur psychologique et la recherche d'une volonté expressive qui appartient déjà au sentimentalisme de l'époque Louis XVI.

Avec Joseph Vernet, la renaissance du paysage oscille entre une poésie subtile et l'exaltation préromantique propre au dernier quart de siècle. Hubert Robert, quant à lui, associe avec bonheur goût du

Le Temple de l'hymen, *par Joseph-Marie Vien.*
Préfecture de Chambéry. Photo Garanger-Giraudon.

pittoresque et mode antiquisante et hausse le genre à un niveau décoratif qu'atteignent rarement ses collègues vedutistes. Plus intimiste, Louis Gabriel Moreau l'Aîné se contente de mornes coins de terre d'Ile-de-France qu'il traite avec un réalisme dépouillé et novateur.

Enfin, phénomène unique de sa génération, Jean-Honoré Fragonard (1732-1806) s'inscrit profondément dans son époque en même temps qu'il s'en détache de manière spectaculaire. Son répertoire de bergers galants et de scènes de libertinage l'assimile à l'art de Boucher ou de Baudouin. Mais sa technique magistrale, animée par le jeu suggestif des empâtements, le rythme endiablé de la touche, le place à part (*L'Abbé de Saint-Non en costume espagnol*, v. 1769, Barcelone, musée des Beaux-Arts). Et, bien que l'éventail de son œuvre dépasse les limites chronologiques du présent volume, on peut affirmer que la mort de Louis XV le trouve déjà maître de tous ses dons (*La Fête à Saint-Cloud*, v. 1775, Paris, Banque de France).

L'Enfant à la cage, *par Pigalle. Paris, musée du Louvre. Photo Giraudon.*

La sculpture

A partir du milieu du siècle, les formes véhémentes évoluent vers un équilibre enjoué, en partie sous l'influence de Mme de Pompadour. Cette synthèse est le fait principalement de Jean-Baptiste Pigalle (1714-1785) et d'Étienne Maurice Falconet (1716-1791) qui travaillèrent tous deux pour la marquise avant de revenir au grand genre. *L'Enfant à la cage* du premier (1749, Louvre), *L'Amour menaçant* ou *La Baigneuse* du second (1757, Louvre) traduisent le goût croissant de l'époque pour un naturalisme aimable parcouru de sensualité. Avec la vogue naissante des biscuits de Sèvres, cette tendance contribue au succès de la petite sculpture, particulièrement adaptée aux dimensions réduites des nouveaux logis et à l'attente d'une clientèle éprise d'ébauches, de créations ingénues et spontanées. Une foule de petits maîtres, tels Allegrain, mais surtout Mignot, Gillet, Vasset, Saly, orientent alors insensiblement cette production vers une idéalisation antique.

Face aux statuettes, le portrait ne perd rien de son prestige. Si Guillaume II Coustou semble demeurer académique, Pigalle introduit un réalisme puissant dans les effigies de ses intimes, en particulier celles de *Garnier de l'Isle* et de *Diderot*. Alors que la mode du portrait rétrospectif préfigure le zèle historiciste du règne suivant, Jean-Jacques Caffieri (1725-1792), dans ses bustes de Génovéfains et de Comédiens Français, renoue curieusement avec une fantaisie baroque qui ne paraît plus de saison.

C'est que de tous côtés la réaction s'installe. Depuis 1744-1750, plus peut-être que dans sa fontaine de la rue de Grenelle, Edme Bouchardon (1698-1762) avait ouvert la voie en solitaire avec l'exécution dépouillée

L'Abbé de Saint-Non en costume espagnol. *Barcelone,*
musée des Beaux-Arts. Photo Held-Ziolo.

de son *Amour se faisant un arc dans la massue d'Hercule* (Louvre). A travers Augustin Pajou et Lecomte, tous deux sculpteurs de Mme du Barry à Louveciennes, la nouvelle génération prend la relève. Après sa contribution au décor de l'Opéra de Versailles (1768-1770), la *Bacchante* de Pajou (1730-1809), qui anticipe sur l'idéal païen de Clodion, aussi bien que ses nombreuses compositions ou variations sur le portrait de la Du Barry, illustre jusqu'au-delà de la mort de Louis XV ce cheminement vers le classicisme de la fin du siècle.

Le mobilier

Table chiffonnière en bois verni, porcelaine de Sèvres et bronze doré, par Bernard II Van Risen Burgh. Paris, musée du Louvre. Photo Musées nationaux.

Entre 1755 et 1760 le mobilier s'oriente lui aussi vers un assagissement progressif. Dans un premier temps, la tradition rocaille subsiste, mais sur un mode épuré, avec l'art de Bernard II Van Risen Burgh (B.V.R.B.) et celui de Roger Vandercruse Delacroix (R.V.L.C.). Leurs armoires en bois de rose et laque de Chine, leurs secrétaires à pente marquetés de branchages fleuris en bois de bout portent l'ébénisterie à un degré nouveau de perfection. Tous deux accusent cependant l'évolution qui se fait jour dans le décor. Peu à peu, l'usage de la laque et de la marqueterie opte pour les motifs géométriques : des mosaïques de losanges ou de cubes insérés dans des quadrillages s'adaptent aux formes chantournées. Ici encore, leur production de petites tables volantes, au plateau garni de plaques de porcelaine de Sèvres, représente une manifestation ultime du goût Louis XV. Le siècle continue à s'enrichir ainsi de modèles inédits tels le « bonheur du jour » ou ces bureaux à pupitre mobile, sans doute dus à Œben, dont le mécanisme à crémaillère en dit long sur l'ingéniosité du temps.

Le reste appartient soit au passé, soit à l'avenir. Au passé les meubles d'ébène, la marqueterie de cuivre et d'écaille de style Boulle, qu'un Étienne Levasseur (1721-1791) ou un Philippe Claude Montigny (1721-1791) remettent en honneur pour répondre à la renaissance du grand genre louis-quatorzien. A l'avenir le redressement irrésistible des lignes que n'assouplissent bientôt plus que de brefs pieds arqués et les profils à pans coupés maintenus pour compenser la rigidité des angles. De leur côté, le bois sculpté et

Bureau du Roi, par Œben et Riesener. Château de Versailles,
Cabinet d'Angle. Photo Flammarion.

le bronze commencent à annexer le répertoire antiquisant : frises à entrelacs, perles, feuilles de chêne
ou de laurier.

Cette évolution, qui conduira au style Louis XVI,
repose en grande partie sur les créations de Jean-
François Œben (1720-1763), Gilles Joubert (v. 1689-
1775) et Louis Delanois (1731-1792). Toutefois, le
retour aux lignes droites ne va pas sans résistance.
Longtemps encore, nombre de meubles, comme le
célèbre bureau du Roi commencé par Œben en 1760
et achevé par son élève Riesener en 1769, ou même
l'imposante commode livrée par Joubert en 1769
pour la chambre de Mme Louise à Versailles, associe-
ront des motifs antiquisants à des surfaces incurvées.

La « mode grecque », lancée par un Delafosse, inspire enfin des créations « archéologiques » comme le célèbre mobilier de Lavive de Jully dessiné vers 1757 par Louis-Joseph Le Lorrain (bureau et cartonnier au musée Condé, Chantilly).

La tapisserie

A la mort d'Oudry en 1755, Boucher, qui lui succède dans son poste de surinspecteur de la manufacture de Beauvais, maintient les conceptions de son prédécesseur. De la même manière, grâce à la collaboration de Jean-Baptiste Pierre et Carle Van Loo, le goût rocaille persiste un temps encore dans les ateliers des Gobelins.

Mais la double évolution en faveur de l'antique et du retour au « grand genre », enregistrée dans la peinture et l'architecture, gagne bientôt la tapisserie. Aux Gobelins, Antoine-François Callet (1741-1823) donne en 1773 des cartons pour une suite de *Saisons* qui se réclament nettement du style grec. Élevant le répertoire, Jean-Baptiste Deshays livre dès 1761 des modèles à Beauvais pour *l'Iliade* d'Homère. Et le tissage, en 1763, des *Jeux russiens* d'après Jean-Baptiste Leprince, censés renouveler la mode des chinoiseries, demeurera une diversion sans lendemain.

Parallèlement, les formats ont tendance à se réduire comme peau de chagrin. A partir de 1770, les deux manufactures n'exploitent presque plus que des modèles pour meubles en tapisserie quand les ateliers n'adaptent pas directement aux sièges des tentures comme *Les Fables de la Fontaine* d'après Oudry.

La céramique

En 1756, sous l'impulsion de Mme de Pompadour, la manufacture de Vincennes s'installe à Sèvres. A partir de 1760, elle devient propriété royale et prend dès lors un essor grandissant. On continue la production de pièces à fond coloré. Mais, depuis les années 1750, l'invention du « biscuit » a entraîné un renouvellement considérable des thèmes. Ce procédé, qui, grâce à la suppression de la « couverte », autorise la

La Petite Vendangeuse,
*biscuit de Sèvres
d'après Falconet.
Sèvres, musée national
de Céramique.
Photo Musées nationaux.*

confection de figurines en pâte blanche d'une finesse
et d'un modelé inédits, a introduit la sculpture dans
la porcelaine. Sous la direction du sculpteur Falconet,
de 1757 à 1766, puis de Bachelier, de 1766 à 1773, le
style va connaître une évolution très vivante. On
transcrit en statuettes les modèles aimables de Duplessis, Boucher, Falconet lui-même ou Pajou. L'art
sensuel et enjoué de l'époque passe intact dans un
répertoire inépuisable de jeux d'enfants, de *petites
vendangeuses* et de portraits allégoriques, traduits en

*Pot à oille et plateau du service de Madame du Barry
en porcelaine de Sèvres. Sèvres, musée national de Céramique.
Photo Musées nationaux.*

bibelots ou en surtouts de table. A partir de 1774,
sous l'autorité du sculpteur Boizot, la fabrique
s'oriente vers une production de figurines aux grâces
mi-chiffonnées, mi-pompéiennes. Cette évolution du
goût se traduit également dans le service de Mme du
Barry (1770-1771) dont le décor de petits vases et de
guirlandes adopte déjà la mode antiquisante (Sèvres,
Musée national de céramique).

L'orfèvrerie

En 1754, la célèbre *Supplique aux orfèvres* de Cochin n'exerce dans un premier temps aucune influence sur le milieu. Durant une bonne décade, le goût rocaille va dominer encore grâce à la production de François Joubert (saucière de Mme de Pompadour, 1754-1755) et de François-Thomas Germain (1726-1791), fils de Thomas. Le changement s'affirme précisément à partir du retrait de F.-T. Germain en 1762, victime d'une faillite retentissante. Jacques Roettiers (sucriers en or de Louis XV) et son fils Jacques-Nicolas (terrine du service Orloff, 1770-1771, Paris, musée Nissim de Camondo) imposent alors un répertoire antiquisant tout en revenant à l'ampleur et à la

Terrine du service Orloff, par Jacques-Nicolas Roettiers. Paris, musée Nissim de Camondo. Photo musée des Arts décoratifs.

*Candélabre
à trois branches par
Robert-Joseph Auguste.
New York,
the Metropolitan
Museum of Art,
don C.D. Wentworth.
Photo du musée.*

cohésion architecturales de l'objet. Aux formes rocailles, aux spirales et aux contorsions, ils substituent des cannelures, des mascarons, des perles et des guirlandes de laurier. Dans un style plus dépouillé, Robert-Joseph Auguste oriente déjà l'orfèvrerie vers le néo-classicisme de la fin du siècle (candélabre à trois branches, 1767-1768, New York, Metropolitan Museum). Mais nombre de maîtres comme Louis Lenhendrick associent à volonté les deux manières. D'autant qu'on observe jusque dans les années 1770 une certaine discrimination selon la nature des objets : les couverts, les cuillers et l'orfèvrerie religieuse, par exemple, sont plus volontiers traités dans le goût rocaille, à l'encontre des autres pièces.

TABLE DES MATIÈRES

Achevé d'imprimer en septembre 1992,
sur les presses de l'Imprimerie de l'Indre, à Argenton-sur-Creuse
N° d'éditeur : 0541 - Dépôt légal : janvier 1982 - N° d'imprimeur : 15170